To Do

This To Do List belongs to

Contacts

name

address

phone

email

❀ ❀ ❀ ❀ ❀ ❀ ❀

name

address

phone

email

❀ ❀ ❀ ❀ ❀ ❀ ❀

name

address

phone

email

❀ ❀ ❀ ❀ ❀ ❀ ❀

name

address

phone

email

❀ ❀ ❀ ❀ ❀ ❀ ❀

name

address

phone

email

Calendar

January

M	T	W	T	F	S	S

February

M	T	W	T	F	S	S

March

M	T	W	T	F	S	S

April

M	T	W	T	F	S	S

May

M	T	W	T	F	S	S

June

M	T	W	T	F	S	S

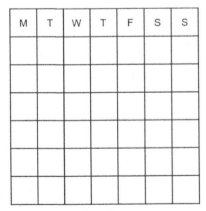
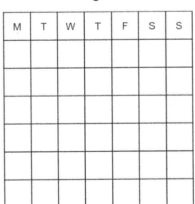

July

M	T	W	T	F	S	S

August

M	T	W	T	F	S	S

September

M	T	W	T	F	S	S

October

M	T	W	T	F	S	S

November

M	T	W	T	F	S	S

December

M	T	W	T	F	S	S

Calendar

January

M	T	W	T	F	S	S

February

M	T	W	T	F	S	S

March

M	T	W	T	F	S	S

April

M	T	W	T	F	S	S

May

M	T	W	T	F	S	S

June

M	T	W	T	F	S	S

July

M	T	W	T	F	S	S

August

M	T	W	T	F	S	S

September

M	T	W	T	F	S	S

October

M	T	W	T	F	S	S

November

M	T	W	T	F	S	S

December

M	T	W	T	F	S	S

Date ....

priorities

....
....
....
....
....
....
....
....
....
....
....

notes | ideas

to do

6 am ....
7 am ....
8 am ....
9 am ....
10 am ....
11 am ....
12 pm ....
1 pm ....
2 pm ....
3 pm ....
4 pm ....
5 pm ....
6 pm ....
7 pm ....
8 pm ....
9 pm ....
10 pm ....
11 pm ....

accomplishments

....
....
....
....
....

Date ....

priorities

....
....
....
....
....
....
....
....

notes | ideas

to do

6 am ....
7 am ....
8 am ....
9 am ....
10 am ....
11 am ....
12 pm ....
1 pm ....
2 pm ....
3 pm ....
4 pm ....
5 pm ....
6 pm ....
7 pm ....
8 pm ....
9 pm ....
10 pm ....
11 pm ....

accomplishments

....
....
....
....
....

Date ....

priorities

....
....
....
....
....
....
....
....

notes | ideas

to do

6 am ....

7 am ....

8 am ....

9 am ....

10 am ....

11 am ....

12 pm ....

1 pm ....

2 pm ....

3 pm ....

4 pm ....

5 pm ....

6 pm ....

7 pm ....

8 pm ....

9 pm ....

10 pm ....

11 pm ....

accomplishments

....
....
....
....
....

Date ....

priorities

....
....
....
....
....
....
....
....

notes | ideas

to do

6 am ....
7 am ....
8 am ....
9 am ....
10 am ....
11 am ....
12 pm ....
1 pm ....
2 pm ....
3 pm ....
4 pm ....
5 pm ....
6 pm ....
7 pm ....
8 pm ....
9 pm ....
10 pm ....
11 pm ....

accomplishments

....
....
....
....
....

Date ....

priorities

notes | ideas

to do

6 am ....

7 am ....

8 am ....

9 am ....

10 am ....

11 am ....

12 pm ....

1 pm ....

2 pm ....

3 pm ....

4 pm ....

5 pm ....

6 pm ....

7 pm ....

8 pm ....

9 pm ....

10 pm ....

11 pm ....

accomplishments

Date ....

priorities

....
....
....
....
....
....
....
....
....

notes | ideas

to do

6 am ....
7 am ....
8 am ....
9 am ....
10 am ....
11 am ....
12 pm ....
1 pm ....
2 pm ....
3 pm ....
4 pm ....
5 pm ....
6 pm ....
7 pm ....
8 pm ....
9 pm ....
10 pm ....
11 pm ....

accomplishments

....
....
....
....
....
....

Date ....

priorities

....
....
....
....
....
....
....
....

notes | ideas

to do

6 am ....
7 am ....
8 am ....
9 am ....
10 am ....
11 am ....
12 pm ....
1 pm ....
2 pm ....
3 pm ....
4 pm ....
5 pm ....
6 pm ....
7 pm ....
8 pm ....
9 pm ....
10 pm ....
11 pm ....

accomplishments

....
....
....
....
....
....

Date ....

priorities

---

notes | ideas

6 am

7 am

8 am

9 am

10 am

11 am

12 pm

1 pm

2 pm

3 pm

4 pm

5 pm

6 pm

7 pm

8 pm

9 pm

10 pm

11 pm

accomplishments

Date

priorities

6 am

7 am

8 am

9 am

10 am

11 am

12 pm

1 pm

2 pm

3 pm

4 pm

5 pm

6 pm

7 pm

8 pm

9 pm

10 pm

11 pm

notes | ideas

accomplishments

Date

priorities

notes | ideas

to do

6 am

7 am

8 am

9 am

10 am

11 am

12 pm

1 pm

2 pm

3 pm

4 pm

5 pm

6 pm

7 pm

8 pm

9 pm

10 pm

11 pm

accomplishments

Date ....

priorities

....
....
....
....
....
....
....
....
....

notes | ideas

to do

6 am ....
7 am ....
8 am ....
9 am ....
10 am ....
11 am ....
12 pm ....
1 pm ....
2 pm ....
3 pm ....
4 pm ....
5 pm ....
6 pm ....
7 pm ....
8 pm ....
9 pm ....
10 pm ....
11 pm ....

accomplishments

....
....
....
....
....
....

Date

priorities

notes | ideas

to do

6 am

7 am

8 am

9 am

10 am

11 am

12 pm

1 pm

2 pm

3 pm

4 pm

5 pm

6 pm

7 pm

8 pm

9 pm

10 pm

11 pm

accomplishments

Date

priorities

notes | ideas

to do

6 am

7 am

8 am

9 am

10 am

11 am

12 pm

1 pm

2 pm

3 pm

4 pm

5 pm

6 pm

7 pm

8 pm

9 pm

10 pm

11 pm

accomplishments

Date

priorities

notes | ideas

to do

6 am

7 am

8 am

9 am

10 am

11 am

12 pm

1 pm

2 pm

3 pm

4 pm

5 pm

6 pm

7 pm

8 pm

9 pm

10 pm

11 pm

accomplishments

Date

priorities

notes | ideas

to do

6 am

7 am

8 am

9 am

10 am

11 am

12 pm

1 pm

2 pm

3 pm

4 pm

5 pm

6 pm

7 pm

8 pm

9 pm

10 pm

11 pm

accomplishments

Date ....

priorities

....

....

....

....

....

....

....

....

....

notes | ideas

to do

6 am ....

7 am ....

8 am ....

9 am ....

10 am ....

11 am ....

12 pm ....

1 pm ....

2 pm ....

3 pm ....

4 pm ....

5 pm ....

6 pm ....

7 pm ....

8 pm ....

9 pm ....

10 pm ....

11 pm ....

accomplishments

....

....

....

....

....

Date

priorities

to do

6 am

7 am

8 am

9 am

10 am

11 am

12 pm

1 pm

2 pm

3 pm

4 pm

5 pm

6 pm

7 pm

8 pm

9 pm

10 pm

11 pm

accomplishments

notes | ideas

Date ....

priorities

....
....
....
....
....
....
....
....
....

notes | ideas

to do

6 am ....
7 am ....
8 am ....
9 am ....
10 am ....
11 am ....
12 pm ....
1 pm ....
2 pm ....
3 pm ....
4 pm ....
5 pm ....
6 pm ....
7 pm ....
8 pm ....
9 pm ....
10 pm ....
11 pm ....

accomplishments

....
....
....
....
....

Date

priorities

notes | ideas

to do

6 am

7 am

8 am

9 am

10 am

11 am

12 pm

1 pm

2 pm

3 pm

4 pm

5 pm

6 pm

7 pm

8 pm

9 pm

10 pm

11 pm

accomplishments

Date ....

priorities

....

....

....

....

....

....

....

....

notes | ideas

to do

6 am ....

7 am ....

8 am ....

9 am ....

10 am ....

11 am ....

12 pm ....

1 pm ....

2 pm ....

3 pm ....

4 pm ....

5 pm ....

6 pm ....

7 pm ....

8 pm ....

9 pm ....

10 pm ....

11 pm ....

accomplishments

....

....

....

....

....

Date ....

priorities

....
....
....
....
....
....
....
....

notes | ideas

to do

6 am ....
7 am ....
8 am ....
9 am ....
10 am ....
11 am ....
12 pm ....
1 pm ....
2 pm ....
3 pm ....
4 pm ....
5 pm ....
6 pm ....
7 pm ....
8 pm ....
9 pm ....
10 pm ....
11 pm ....

accomplishments

....
....
....
....
....

Date

priorities

notes | ideas

to do

6 am

7 am

8 am

9 am

10 am

11 am

12 pm

1 pm

2 pm

3 pm

4 pm

5 pm

6 pm

7 pm

8 pm

9 pm

10 pm

11 pm

accomplishments

Date

priorities

notes | ideas

to do

6 am

7 am

8 am

9 am

10 am

11 am

12 pm

1 pm

2 pm

3 pm

4 pm

5 pm

6 pm

7 pm

8 pm

9 pm

10 pm

11 pm

accomplishments

Date ....

priorities

....
....
....
....
....
....
....
....

to do

6 am ....
7 am ....
8 am ....
9 am ....
10 am ....
11 am ....
12 pm ....
1 pm ....
2 pm ....
3 pm ....
4 pm ....
5 pm ....
6 pm ....
7 pm ....
8 pm ....
9 pm ....
10 pm ....
11 pm ....

accomplishments

....
....
....
....
....

notes | ideas

Date

priorities

notes | ideas

to do

6 am

7 am

8 am

9 am

10 am

11 am

12 pm

1 pm

2 pm

3 pm

4 pm

5 pm

6 pm

7 pm

8 pm

9 pm

10 pm

11 pm

accomplishments

Date ....

priorities

....
....
....
....
....
....
....
....
....

notes | ideas

to do

6 am ....
7 am ....
8 am ....
9 am ....
10 am ....
11 am ....
12 pm ....
1 pm ....
2 pm ....
3 pm ....
4 pm ....
5 pm ....
6 pm ....
7 pm ....
8 pm ....
9 pm ....
10 pm ....
11 pm ....

accomplishments

....
....
....
....
....
....

Date ....

priorities

....
....
....
....
....
....
....
....
....

notes | ideas

to do

6 am ....

7 am ....

8 am ....

9 am ....

10 am ....

11 am ....

12 pm ....

1 pm ....

2 pm ....

3 pm ....

4 pm ....

5 pm ....

6 pm ....

7 pm ....

8 pm ....

9 pm ....

10 pm ....

11 pm ....

accomplishments

....
....
....
....
....
....

Date ....

priorities

....

....

....

....

....

....

....

....

notes | ideas

to do

6 am ....

7 am ....

8 am ....

9 am ....

10 am ....

11 am ....

12 pm ....

1 pm ....

2 pm ....

3 pm ....

4 pm ....

5 pm ....

6 pm ....

7 pm ....

8 pm ....

9 pm ....

10 pm ....

11 pm ....

accomplishments

....

....

....

....

....

....

Date

priorities

notes | ideas

to do

6 am

7 am

8 am

9 am

10 am

11 am

12 pm

1 pm

2 pm

3 pm

4 pm

5 pm

6 pm

7 pm

8 pm

9 pm

10 pm

11 pm

accomplishments

Date ....

priorities

....
....
....
....
....
....
....
....
....

notes | ideas

to do

6 am ....
7 am ....
8 am ....
9 am ....
10 am ....
11 am ....
12 pm ....
1 pm ....
2 pm ....
3 pm ....
4 pm ....
5 pm ....
6 pm ....
7 pm ....
8 pm ....
9 pm ....
10 pm ....
11 pm ....

accomplishments

....
....
....
....
....

Date

priorities

notes | ideas

to do

6 am

7 am

8 am

9 am

10 am

11 am

12 pm

1 pm

2 pm

3 pm

4 pm

5 pm

6 pm

7 pm

8 pm

9 pm

10 pm

11 pm

accomplishments

Date

priorities

notes | ideas

to do

6 am

7 am

8 am

9 am

10 am

11 am

12 pm

1 pm

2 pm

3 pm

4 pm

5 pm

6 pm

7 pm

8 pm

9 pm

10 pm

11 pm

accomplishments

Date

priorities

notes | ideas

to do

6 am

7 am

8 am

9 am

10 am

11 am

12 pm

1 pm

2 pm

3 pm

4 pm

5 pm

6 pm

7 pm

8 pm

9 pm

10 pm

11 pm

accomplishments

Date ....

priorities

....
....
....
....
....
....
....
....

notes | ideas

to do

6 am ....
7 am ....
8 am ....
9 am ....
10 am ....
11 am ....
12 pm ....
1 pm ....
2 pm ....
3 pm ....
4 pm ....
5 pm ....
6 pm ....
7 pm ....
8 pm ....
9 pm ....
10 pm ....
11 pm ....

accomplishments

....
....
....
....
....
....

Date ....

priorities

....

....

....

....

....

....

....

....

....

....

notes | ideas

to do

6 am ....

7 am ....

8 am ....

9 am ....

10 am ....

11 am ....

12 pm ....

1 pm ....

2 pm ....

3 pm ....

4 pm ....

5 pm ....

6 pm ....

7 pm ....

8 pm ....

9 pm ....

10 pm ....

11 pm ....

accomplishments

....

....

....

....

....

Date ....

priorities

....
....
....
....
....
....
....

notes | ideas

to do

6 am
7 am
8 am
9 am
10 am
11 am
12 pm
1 pm
2 pm
3 pm
4 pm
5 pm
6 pm
7 pm
8 pm
9 pm
10 pm
11 pm

accomplishments

Date ....

priorities

....
....
....
....
....
....
....
....

notes | ideas

to do

6 am ....
7 am ....
8 am ....
9 am ....
10 am ....
11 am ....
12 pm ....
1 pm ....
2 pm ....
3 pm ....
4 pm ....
5 pm ....
6 pm ....
7 pm ....
8 pm ....
9 pm ....
10 pm ....
11 pm ....

accomplishments

....
....
....
....
....
....
....

Date ....

priorities

....
....
....
....
....
....
....
....

---

notes | ideas

to do

6 am ....

7 am ....

8 am ....

9 am ....

10 am ....

11 am ....

12 pm ....

1 pm ....

2 pm ....

3 pm ....

4 pm ....

5 pm ....

6 pm ....

7 pm ....

8 pm ....

9 pm ....

10 pm ....

11 pm ....

accomplishments

....
....
....
....
....
....

Date

priorities

notes | ideas

to do

6 am

7 am

8 am

9 am

10 am

11 am

12 pm

1 pm

2 pm

3 pm

4 pm

5 pm

6 pm

7 pm

8 pm

9 pm

10 pm

11 pm

accomplishments

Date ....

priorities

....

....

....

....

....

....

....

....

notes | ideas

to do

6 am ....

7 am ....

8 am ....

9 am ....

10 am ....

11 am ....

12 pm ....

1 pm ....

2 pm ....

3 pm ....

4 pm ....

5 pm ....

6 pm ....

7 pm ....

8 pm ....

9 pm ....

10 pm ....

11 pm ....

accomplishments

....

....

....

....

....

Date

priorities

notes | ideas

to do

6 am

7 am

8 am

9 am

10 am

11 am

12 pm

1 pm

2 pm

3 pm

4 pm

5 pm

6 pm

7 pm

8 pm

9 pm

10 pm

11 pm

accomplishments

Date

priorities

notes | ideas

to do

6 am

7 am

8 am

9 am

10 am

11 am

12 pm

1 pm

2 pm

3 pm

4 pm

5 pm

6 pm

7 pm

8 pm

9 pm

10 pm

11 pm

accomplishments

Date ....

priorities

....
....
....
....
....
....
....
....
....

notes | ideas

to do

6 am ....
7 am ....
8 am ....
9 am ....
10 am ....
11 am ....
12 pm ....
1 pm ....
2 pm ....
3 pm ....
4 pm ....
5 pm ....
6 pm ....
7 pm ....
8 pm ....
9 pm ....
10 pm ....
11 pm ....

accomplishments

....
....
....
....
....
....

Date ....

priorities

....
....
....
....
....
....
....
....
....
....

notes | ideas

to do

6 am ....
7 am ....
8 am ....
9 am ....
10 am ....
11 am ....
12 pm ....
1 pm ....
2 pm ....
3 pm ....
4 pm ....
5 pm ....
6 pm ....
7 pm ....
8 pm ....
9 pm ....
10 pm ....
11 pm ....

accomplishments

....
....
....
....
....
....

Date

priorities

notes | ideas

to do

6 am

7 am

8 am

9 am

10 am

11 am

12 pm

1 pm

2 pm

3 pm

4 pm

5 pm

6 pm

7 pm

8 pm

9 pm

10 pm

11 pm

accomplishments

Date ....

priorities

....
....
....
....
....
....
....
....
....

notes | ideas

to do

6 am ....
7 am ....
8 am ....
9 am ....
10 am ....
11 am ....
12 pm ....
1 pm ....
2 pm ....
3 pm ....
4 pm ....
5 pm ....
6 pm ....
7 pm ....
8 pm ....
9 pm ....
10 pm ....
11 pm ....

accomplishments

....
....
....
....
....

Date

priorities

notes | ideas

to do

6 am

7 am

8 am

9 am

10 am

11 am

12 pm

1 pm

2 pm

3 pm

4 pm

5 pm

6 pm

7 pm

8 pm

9 pm

10 pm

11 pm

accomplishments

Date ....

priorities

....

....

....

....

....

....

....

....

notes | ideas

to do

6 am ....

7 am ....

8 am ....

9 am ....

10 am ....

11 am ....

12 pm ....

1 pm ....

2 pm ....

3 pm ....

4 pm ....

5 pm ....

6 pm ....

7 pm ....

8 pm ....

9 pm ....

10 pm ....

11 pm ....

accomplishments

....

....

....

....

....

....

Date ....

priorities

....
....
....
....
....
....
....
....
....

---

notes | ideas

to do

6 am ....
7 am ....
8 am ....
9 am ....
10 am ....
11 am ....
12 pm ....
1 pm ....
2 pm ....
3 pm ....
4 pm ....
5 pm ....
6 pm ....
7 pm ....
8 pm ....
9 pm ....
10 pm ....
11 pm ....

accomplishments

....
....
....
....
....
....

Date ....

priorities

....
....
....
....
....
....
....
....
....

notes | ideas

to do

6 am ....
7 am ....
8 am ....
9 am ....
10 am ....
11 am ....
12 pm ....
1 pm ....
2 pm ....
3 pm ....
4 pm ....
5 pm ....
6 pm ....
7 pm ....
8 pm ....
9 pm ....
10 pm ....
11 pm ....

accomplishments

....
....
....
....
....
....

Date ....

priorities

....
....
....
....
....
....
....
....

notes | ideas

to do

6 am ....

7 am ....

8 am ....

9 am ....

10 am ....

11 am ....

12 pm ....

1 pm ....

2 pm ....

3 pm ....

4 pm ....

5 pm ....

6 pm ....

7 pm ....

8 pm ....

9 pm ....

10 pm ....

11 pm ....

accomplishments

....
....
....
....
....
....

Date ....

priorities

....

....

....

....

....

....

....

....

notes | ideas

to do

6 am ....

7 am ....

8 am ....

9 am ....

10 am ....

11 am ....

12 pm ....

1 pm ....

2 pm ....

3 pm ....

4 pm ....

5 pm ....

6 pm ....

7 pm ....

8 pm ....

9 pm ....

10 pm ....

11 pm ....

accomplishments

....

....

....

....

....

....

Date

priorities

notes | ideas

to do

6 am

7 am

8 am

9 am

10 am

11 am

12 pm

1 pm

2 pm

3 pm

4 pm

5 pm

6 pm

7 pm

8 pm

9 pm

10 pm

11 pm

accomplishments

Date

priorities

notes | ideas

to do

6 am

7 am

8 am

9 am

10 am

11 am

12 pm

1 pm

2 pm

3 pm

4 pm

5 pm

6 pm

7 pm

8 pm

9 pm

10 pm

11 pm

accomplishments

Date

priorities

notes | ideas

to do

6 am

7 am

8 am

9 am

10 am

11 am

12 pm

1 pm

2 pm

3 pm

4 pm

5 pm

6 pm

7 pm

8 pm

9 pm

10 pm

11 pm

accomplishments

Date ....

priorities

....
....
....
....
....
....
....
....

notes | ideas

to do

6 am ....
7 am ....
8 am ....
9 am ....
10 am ....
11 am ....
12 pm ....
1 pm ....
2 pm ....
3 pm ....
4 pm ....
5 pm ....
6 pm ....
7 pm ....
8 pm ....
9 pm ....
10 pm ....
11 pm ....

accomplishments

....
....
....
....
....
....

Date ....

priorities

....
....
....
....
....
....
....
....
....
....

notes | ideas

to do

6 am ....
7 am ....
8 am ....
9 am ....
10 am ....
11 am ....
12 pm ....
1 pm ....
2 pm ....
3 pm ....
4 pm ....
5 pm ....
6 pm ....
7 pm ....
8 pm ....
9 pm ....
10 pm ....
11 pm ....

accomplishments

....
....
....
....
....
....

Date ....

priorities

....

....

....

....

....

....

....

....

notes | ideas

to do

6 am ....

7 am ....

8 am ....

9 am ....

10 am ....

11 am ....

12 pm ....

1 pm ....

2 pm ....

3 pm ....

4 pm ....

5 pm ....

6 pm ....

7 pm ....

8 pm ....

9 pm ....

10 pm ....

11 pm ....

accomplishments

....

....

....

....

....

Date

priorities

notes | ideas

to do

6 am

7 am

8 am

9 am

10 am

11 am

12 pm

1 pm

2 pm

3 pm

4 pm

5 pm

6 pm

7 pm

8 pm

9 pm

10 pm

11 pm

accomplishments

Date

priorities

6 am

7 am

8 am

9 am

10 am

11 am

12 pm

1 pm

2 pm

3 pm

4 pm

5 pm

6 pm

7 pm

8 pm

9 pm

10 pm

11 pm

accomplishments

notes | ideas

Date

priorities

notes | ideas

to do

6 am

7 am

8 am

9 am

10 am

11 am

12 pm

1 pm

2 pm

3 pm

4 pm

5 pm

6 pm

7 pm

8 pm

9 pm

10 pm

11 pm

accomplishments

Date ....

priorities

....
....
....
....
....
....
....
....

notes | ideas

to do

6 am ....
7 am ....
8 am ....
9 am ....
10 am ....
11 am ....
12 pm ....
1 pm ....
2 pm ....
3 pm ....
4 pm ....
5 pm ....
6 pm ....
7 pm ....
8 pm ....
9 pm ....
10 pm ....
11 pm ....

accomplishments

....
....
....
....
....

Date

priorities

notes | ideas

to do

6 am

7 am

8 am

9 am

10 am

11 am

12 pm

1 pm

2 pm

3 pm

4 pm

5 pm

6 pm

7 pm

8 pm

9 pm

10 pm

11 pm

accomplishments

Date

priorities

notes | ideas

to do

6 am

7 am

8 am

9 am

10 am

11 am

12 pm

1 pm

2 pm

3 pm

4 pm

5 pm

6 pm

7 pm

8 pm

9 pm

10 pm

11 pm

accomplishments

Date

priorities

notes | ideas

to do

6 am

7 am

8 am

9 am

10 am

11 am

12 pm

1 pm

2 pm

3 pm

4 pm

5 pm

6 pm

7 pm

8 pm

9 pm

10 pm

11 pm

accomplishments

Date ....

priorities

....
....
....
....
....
....
....
....
....

notes | ideas

to do

6 am ....
7 am ....
8 am ....
9 am ....
10 am ....
11 am ....
12 pm ....
1 pm ....
2 pm ....
3 pm ....
4 pm ....
5 pm ....
6 pm ....
7 pm ....
8 pm ....
9 pm ....
10 pm ....
11 pm ....

accomplishments

....
....
....
....
....

Date

priorities

notes | ideas

to do

6 am

7 am

8 am

9 am

10 am

11 am

12 pm

1 pm

2 pm

3 pm

4 pm

5 pm

6 pm

7 pm

8 pm

9 pm

10 pm

11 pm

accomplishments

Date ....

priorities

....
....
....
....
....
....
....
....
....

notes | ideas

to do

6 am ....
7 am ....
8 am ....
9 am ....
10 am ....
11 am ....
12 pm ....
1 pm ....
2 pm ....
3 pm ....
4 pm ....
5 pm ....
6 pm ....
7 pm ....
8 pm ....
9 pm ....
10 pm ....
11 pm ....

accomplishments

....
....
....
....
....

Date

priorities

notes | ideas

to do

6 am

7 am

8 am

9 am

10 am

11 am

12 pm

1 pm

2 pm

3 pm

4 pm

5 pm

6 pm

7 pm

8 pm

9 pm

10 pm

11 pm

accomplishments

Date ....

priorities

....
....
....
....
....
....
....
....

<table>
<tr><td>notes | ideas</td></tr>
</table>

to do

6 am ....
7 am ....
8 am ....
9 am ....
10 am ....
11 am ....
12 pm ....
1 pm ....
2 pm ....
3 pm ....
4 pm ....
5 pm ....
6 pm ....
7 pm ....
8 pm ....
9 pm ....
10 pm ....
11 pm ....

accomplishments

....
....
....
....
....
....

Date

priorities

notes | ideas

to do

6 am

7 am

8 am

9 am

10 am

11 am

12 pm

1 pm

2 pm

3 pm

4 pm

5 pm

6 pm

7 pm

8 pm

9 pm

10 pm

11 pm

accomplishments

Date

priorities

to do

6 am

7 am

8 am

9 am

10 am

11 am

12 pm

1 pm

2 pm

3 pm

4 pm

5 pm

6 pm

7 pm

8 pm

9 pm

10 pm

11 pm

accomplishments

notes | ideas

Date

priorities

notes | ideas

to do

6 am

7 am

8 am

9 am

10 am

11 am

12 pm

1 pm

2 pm

3 pm

4 pm

5 pm

6 pm

7 pm

8 pm

9 pm

10 pm

11 pm

accomplishments

Date ....

priorities

....
....
....
....
....
....
....
....
....

notes | ideas

to do

6 am ....
7 am ....
8 am ....
9 am ....
10 am ....
11 am ....
12 pm ....
1 pm ....
2 pm ....
3 pm ....
4 pm ....
5 pm ....
6 pm ....
7 pm ....
8 pm ....
9 pm ....
10 pm ....
11 pm ....

accomplishments

....
....
....
....
....

Date

priorities

notes | ideas

to do

6 am

7 am

8 am

9 am

10 am

11 am

12 pm

1 pm

2 pm

3 pm

4 pm

5 pm

6 pm

7 pm

8 pm

9 pm

10 pm

11 pm

accomplishments

Date ....

priorities

....
....
....
....
....
....
....
....
....
....

notes | ideas

to do

6 am ....

7 am ....

8 am ....

9 am ....

10 am ....

11 am ....

12 pm ....

1 pm ....

2 pm ....

3 pm ....

4 pm ....

5 pm ....

6 pm ....

7 pm ....

8 pm ....

9 pm ....

10 pm ....

11 pm ....

accomplishments

....
....
....
....
....
....

Date

priorities

notes | ideas

to do

6 am

7 am

8 am

9 am

10 am

11 am

12 pm

1 pm

2 pm

3 pm

4 pm

5 pm

6 pm

7 pm

8 pm

9 pm

10 pm

11 pm

accomplishments

Date ....

priorities

....
....
....
....
....
....
....
....
....
....

notes | ideas

to do

6 am ....

7 am ....

8 am ....

9 am ....

10 am ....

11 am ....

12 pm ....

1 pm ....

2 pm ....

3 pm ....

4 pm ....

5 pm ....

6 pm ....

7 pm ....

8 pm ....

9 pm ....

10 pm ....

11 pm ....

accomplishments

....
....
....
....
....

Date ....

priorities

6 am

7 am

8 am

9 am

10 am

11 am

12 pm

1 pm

2 pm

3 pm

4 pm

5 pm

6 pm

7 pm

8 pm

9 pm

10 pm

11 pm

notes | ideas

accomplishments

Date ....

priorities

....
....
....
....
....
....
....
....
....
....

notes | ideas

to do

6 am ....

7 am ....

8 am ....

9 am ....

10 am ....

11 am ....

12 pm ....

1 pm ....

2 pm ....

3 pm ....

4 pm ....

5 pm ....

6 pm ....

7 pm ....

8 pm ....

9 pm ....

10 pm ....

11 pm ....

accomplishments

....
....
....
....
....

Date

priorities

notes | ideas

to do

6 am

7 am

8 am

9 am

10 am

11 am

12 pm

1 pm

2 pm

3 pm

4 pm

5 pm

6 pm

7 pm

8 pm

9 pm

10 pm

11 pm

accomplishments

Date ....

priorities

....

....

....

....

....

....

....

....

....

notes | ideas

to do

6 am ....

7 am ....

8 am ....

9 am ....

10 am ....

11 am ....

12 pm ....

1 pm ....

2 pm ....

3 pm ....

4 pm ....

5 pm ....

6 pm ....

7 pm ....

8 pm ....

9 pm ....

10 pm ....

11 pm ....

accomplishments

....

....

....

....

....

....

Date

priorities

notes | ideas

to do

6 am

7 am

8 am

9 am

10 am

11 am

12 pm

1 pm

2 pm

3 pm

4 pm

5 pm

6 pm

7 pm

8 pm

9 pm

10 pm

11 pm

accomplishments

Date

priorities

notes | ideas

to do

6 am

7 am

8 am

9 am

10 am

11 am

12 pm

1 pm

2 pm

3 pm

4 pm

5 pm

6 pm

7 pm

8 pm

9 pm

10 pm

11 pm

accomplishments

Date

priorities

notes | ideas

to do

6 am

7 am

8 am

9 am

10 am

11 am

12 pm

1 pm

2 pm

3 pm

4 pm

5 pm

6 pm

7 pm

8 pm

9 pm

10 pm

11 pm

accomplishments

Date ....

priorities

....
....
....
....
....
....
....
....
....

notes | ideas

to do

6 am ....
7 am ....
8 am ....
9 am ....
10 am ....
11 am ....
12 pm ....
1 pm ....
2 pm ....
3 pm ....
4 pm ....
5 pm ....
6 pm ....
7 pm ....
8 pm ....
9 pm ....
10 pm ....
11 pm ....

accomplishments

....
....
....
....
....
....

Date

priorities

notes | ideas

to do

6 am

7 am

8 am

9 am

10 am

11 am

12 pm

1 pm

2 pm

3 pm

4 pm

5 pm

6 pm

7 pm

8 pm

9 pm

10 pm

11 pm

accomplishments

Date

priorities

....
....
....
....
....
....
....
....
....

notes | ideas

to do

6 am
7 am
8 am
9 am
10 am
11 am
12 pm
1 pm
2 pm
3 pm
4 pm
5 pm
6 pm
7 pm
8 pm
9 pm
10 pm
11 pm

accomplishments

Date ....

priorities

....
....
....
....
....
....
....
....
....

notes | ideas

to do

6 am ....

7 am ....

8 am ....

9 am ....

10 am ....

11 am ....

12 pm ....

1 pm ....

2 pm ....

3 pm ....

4 pm ....

5 pm ....

6 pm ....

7 pm ....

8 pm ....

9 pm ....

10 pm ....

11 pm ....

accomplishments

....
....
....
....
....

Date ....

priorities

to do

6 am
7 am
8 am
9 am
10 am
11 am
12 pm
1 pm
2 pm
3 pm
4 pm
5 pm
6 pm
7 pm
8 pm
9 pm
10 pm
11 pm

notes | ideas

accomplishments

Date

priorities

notes | ideas

to do

6 am

7 am

8 am

9 am

10 am

11 am

12 pm

1 pm

2 pm

3 pm

4 pm

5 pm

6 pm

7 pm

8 pm

9 pm

10 pm

11 pm

accomplishments

Date

priorities

notes | ideas

to do

6 am

7 am

8 am

9 am

10 am

11 am

12 pm

1 pm

2 pm

3 pm

4 pm

5 pm

6 pm

7 pm

8 pm

9 pm

10 pm

11 pm

accomplishments

Date

priorities

notes | ideas

to do

6 am

7 am

8 am

9 am

10 am

11 am

12 pm

1 pm

2 pm

3 pm

4 pm

5 pm

6 pm

7 pm

8 pm

9 pm

10 pm

11 pm

accomplishments

Date ....

priorities

....

....

....

....

....

....

....

....

....

notes | ideas

to do

6 am ....

7 am ....

8 am ....

9 am ....

10 am ....

11 am ....

12 pm ....

1 pm ....

2 pm ....

3 pm ....

4 pm ....

5 pm ....

6 pm ....

7 pm ....

8 pm ....

9 pm ....

10 pm ....

11 pm ....

accomplishments

Date

priorities

notes | ideas

to do

6 am

7 am

8 am

9 am

10 am

11 am

12 pm

1 pm

2 pm

3 pm

4 pm

5 pm

6 pm

7 pm

8 pm

9 pm

10 pm

11 pm

accomplishments

Date

priorities

notes | ideas

to do

6 am

7 am

8 am

9 am

10 am

11 am

12 pm

1 pm

2 pm

3 pm

4 pm

5 pm

6 pm

7 pm

8 pm

9 pm

10 pm

11 pm

accomplishments

Date

priorities

6 am

7 am

8 am

9 am

10 am

11 am

12 pm

1 pm

2 pm

3 pm

4 pm

5 pm

6 pm

7 pm

8 pm

9 pm

10 pm

11 pm

notes | ideas

accomplishments

Date

priorities

notes | ideas

to do

6 am

7 am

8 am

9 am

10 am

11 am

12 pm

1 pm

2 pm

3 pm

4 pm

5 pm

6 pm

7 pm

8 pm

9 pm

10 pm

11 pm

accomplishments

Date

priorities

notes | ideas

to do

6 am

7 am

8 am

9 am

10 am

11 am

12 pm

1 pm

2 pm

3 pm

4 pm

5 pm

6 pm

7 pm

8 pm

9 pm

10 pm

11 pm

accomplishments

notes

notes

notes

notes

notes

notes

notes

Made in the USA
Monee, IL
07 December 2021

84229053R00063